Katja Berlin · Peter Grünlich

Alle Jahre wieder ...

Weihnachten in überwiegend lustigen Grafiken

WILHELM HEYNE VERLAG
MÜNCHEN

MIX
Papier aus verantwortungsvollen Quellen
FSC® C084279

Verlagsgruppe Random House FSC® N001967

Originalausgabe 11/2018

Umschlaggestaltung: Nele Schütz Design, München
Bildernachweis: Shutterstock: 7 (paulvg), 27 (Green87), 35 und 61 (Ilya Boloto)
Satz: Uhl + Massopust, Aalen
Druck und Bindung: Print Consult, München
Printed in the Slovak Republic
ISBN: 978-3-453-60480-3

www.heyne.de

Bewertungen 10 ist das beste
0 das schlechteste

Von Ophelia Thiede bewertet lieber genannt Phei

Für meine Familie +
Freunde + Italy dogs +
Hundetalk retten auf der
welt.

HEYNE <

Weihnachtsfeiertage

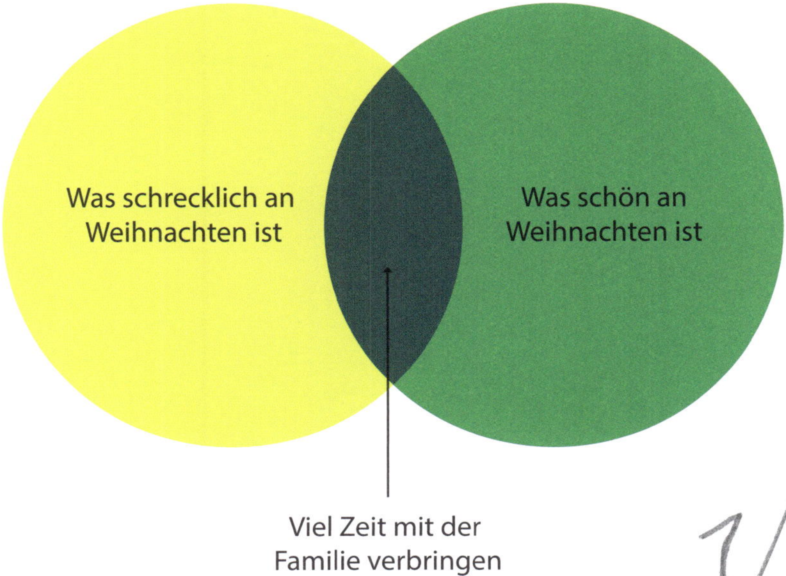

1/10

Weihnachtszeitstrahl

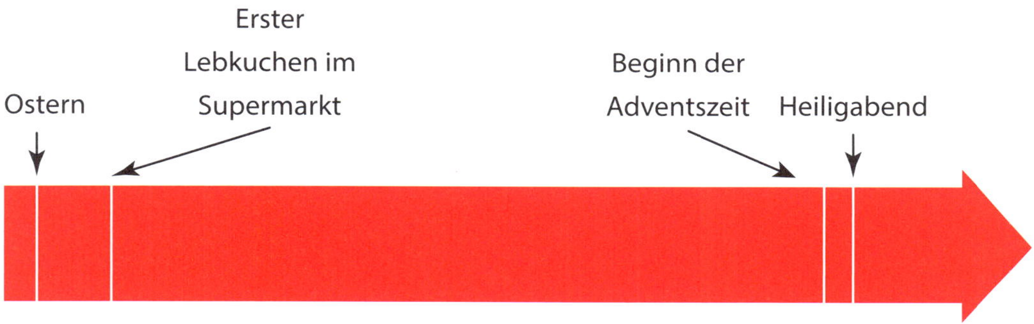

4,5/10

Weihnachtsplätzchen

Wie Plätzchen bei anderen Leuten aussehen

Wie Plätzchen bei mir aussehen

7,8/10

All I want for Christmas is

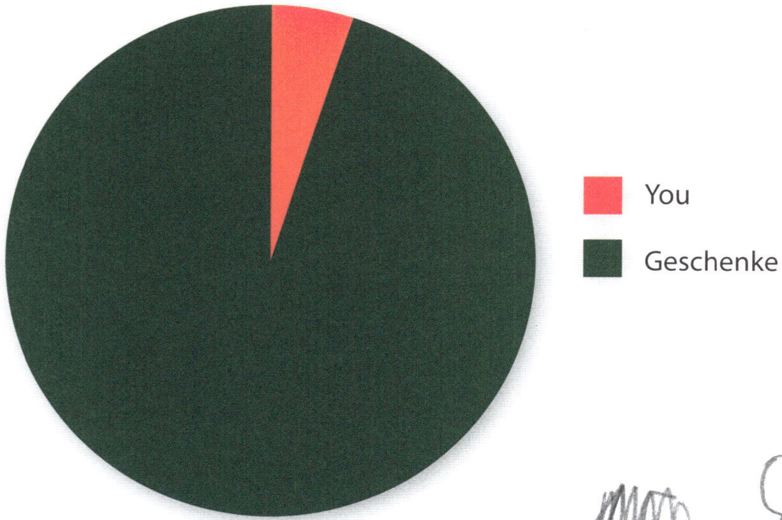

8/10

Geschenkverpackung

7,8/10

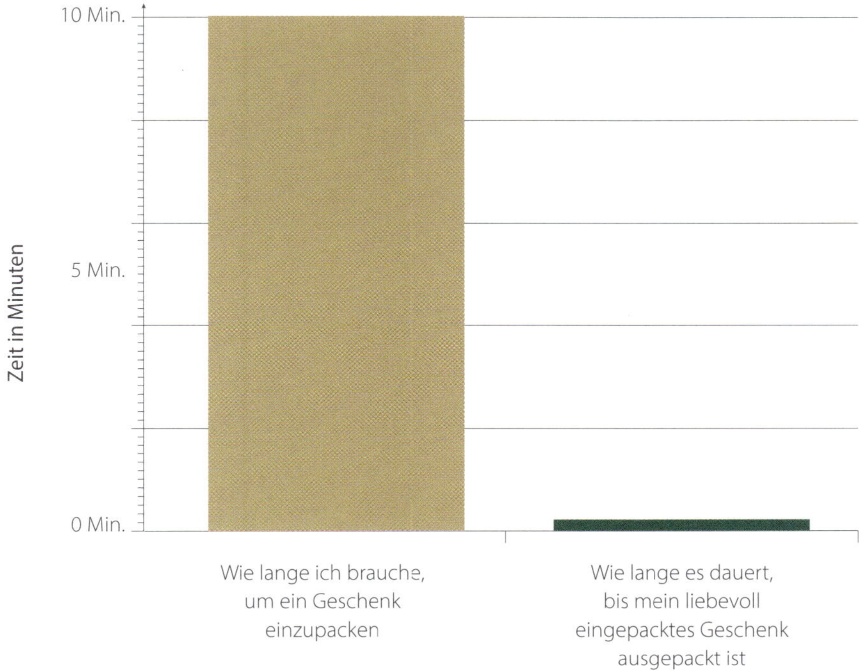

Schatz, ich wünsch mir nur was Kleines

Er

Sie

6,4

Wer sich vom Weihnachtsbaum angezogen fühlt

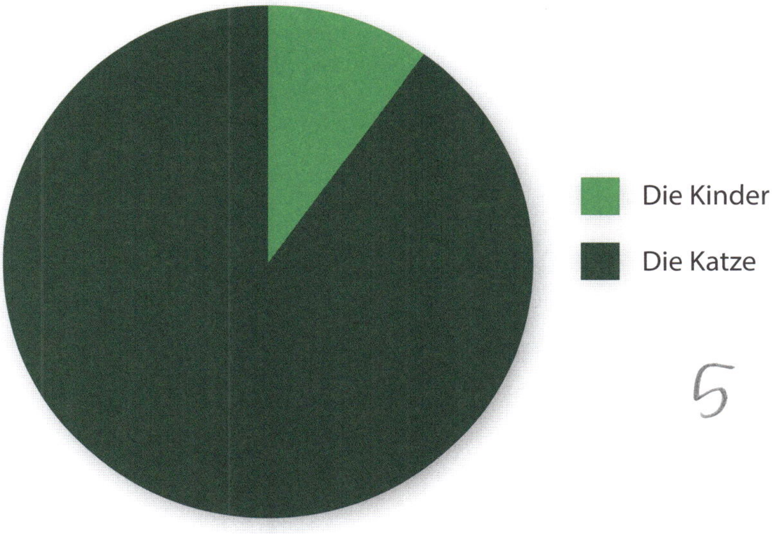

Textsicherheit bei Weihnachtsliedern

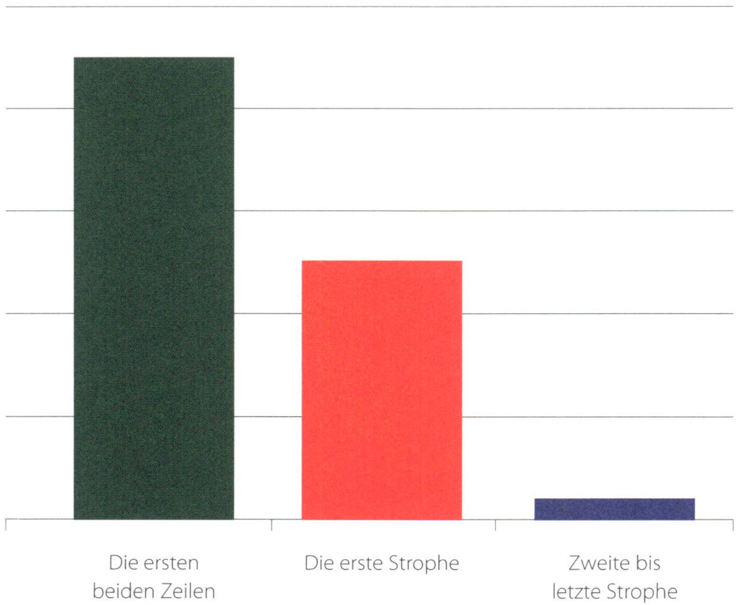

2

Schneewahrscheinlichkeit

3,5

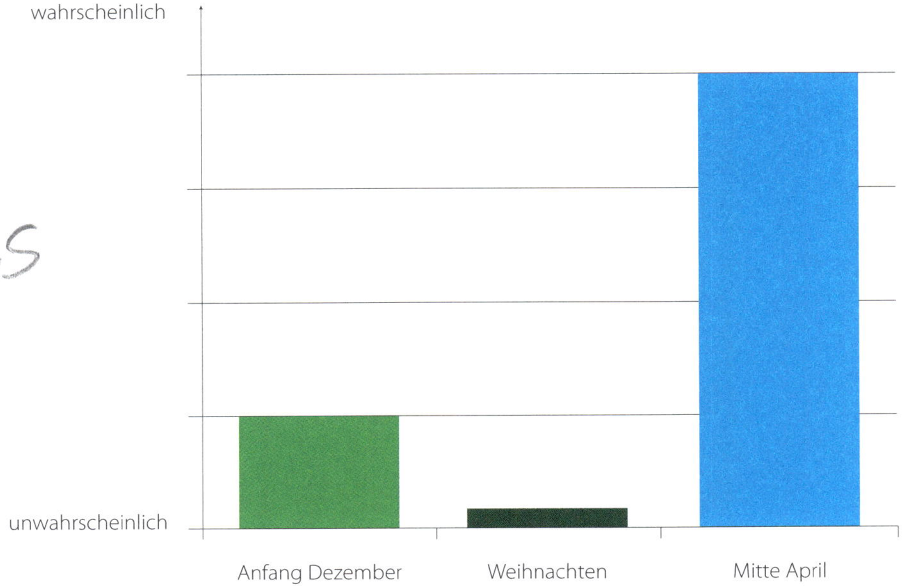

Warum ich ein Geschenk kaufe

3,5

Schlimme Geschenke

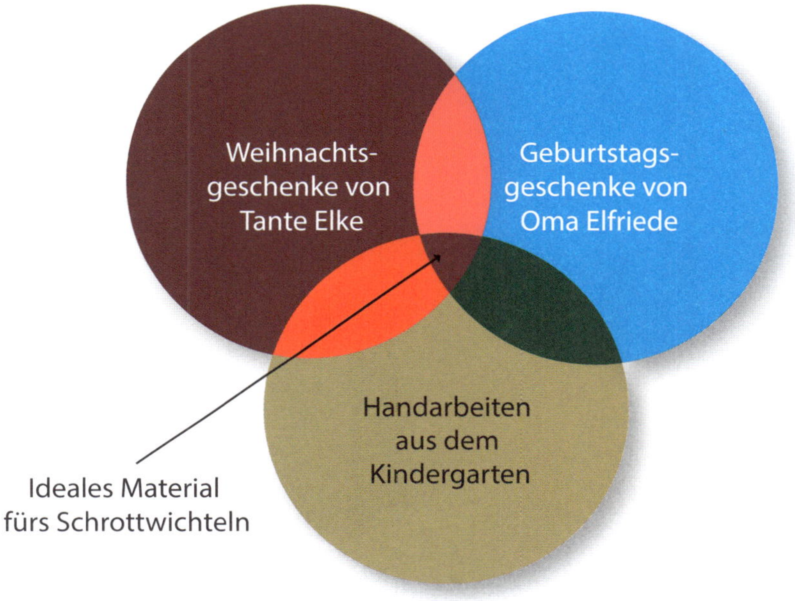

Was wir früher in der Adventszeit gemacht haben

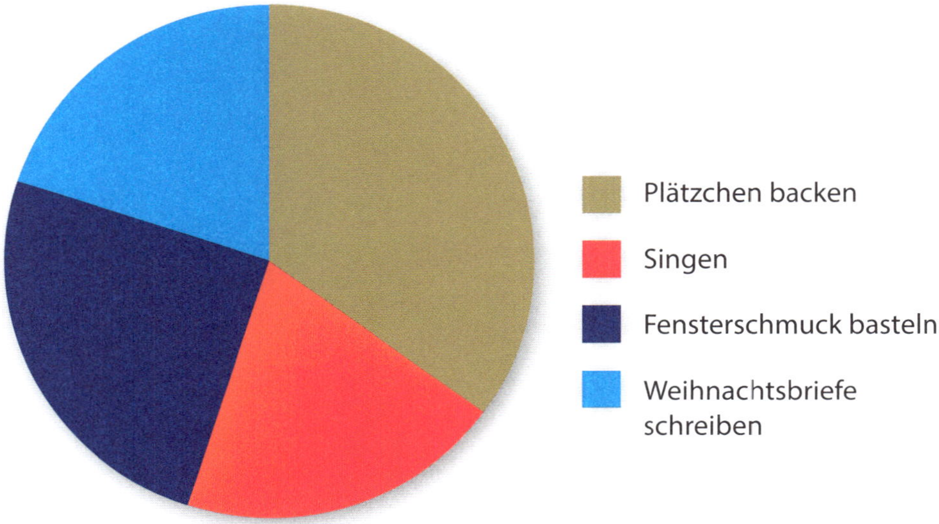

Was wir heute in der Adventszeit machen

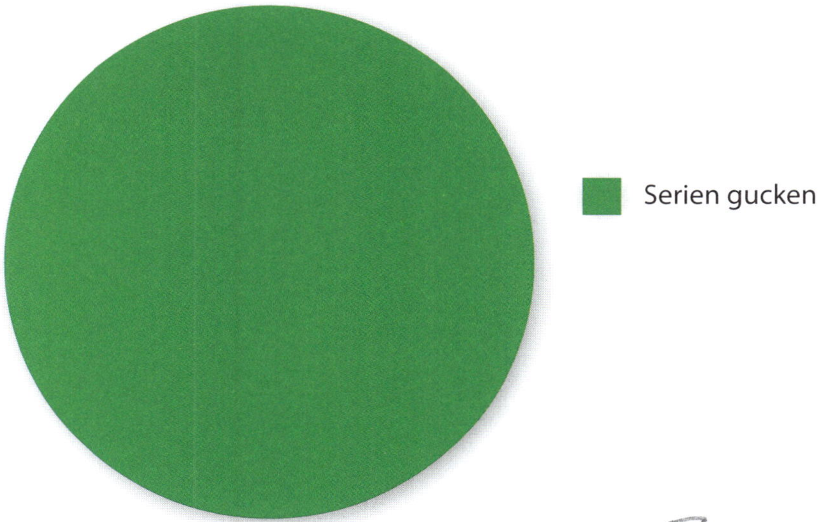

Gänsebraten

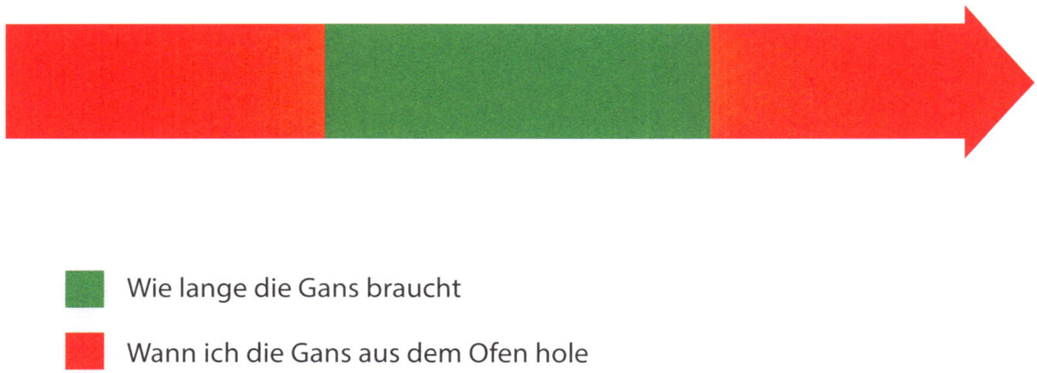

1,5

Wann wir die Kinder in der Weihnachtszeit belügen

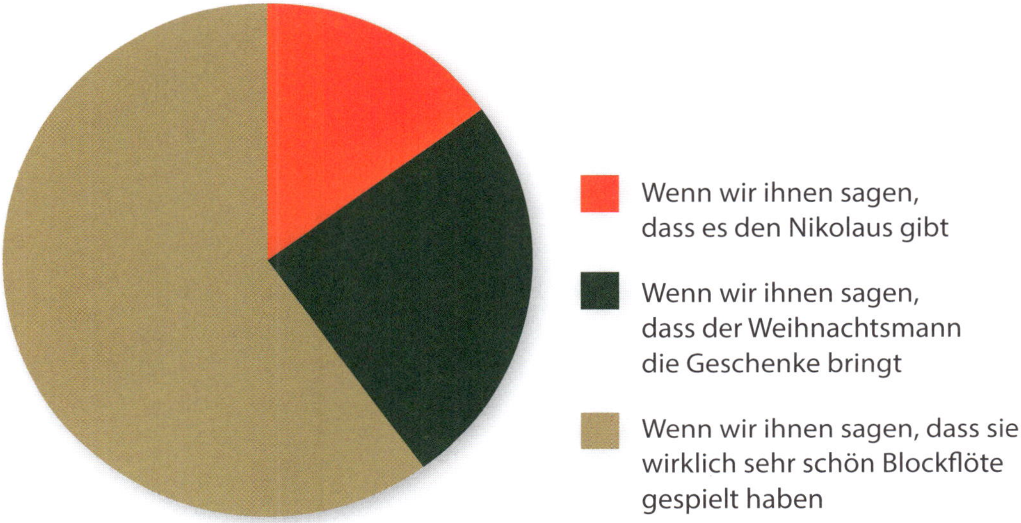

Gute Geschenkideen

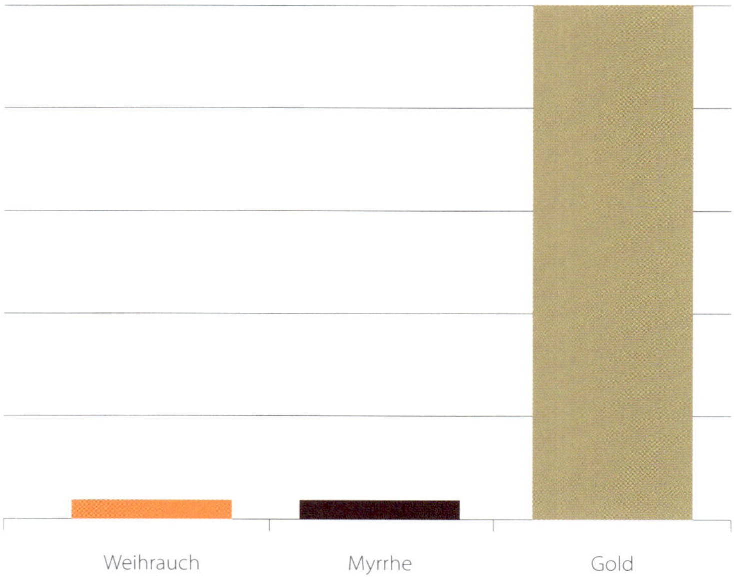

Was sich an Weihnachten öffnet

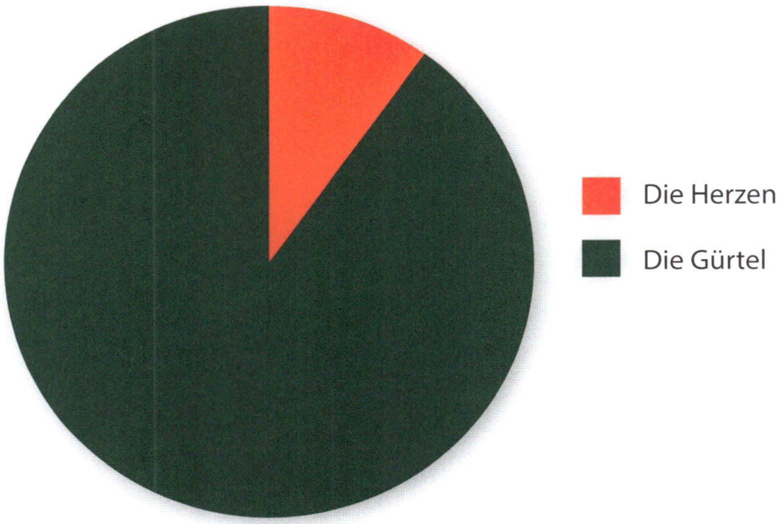

0,2

Zeit für die Weihnachtsdekoration

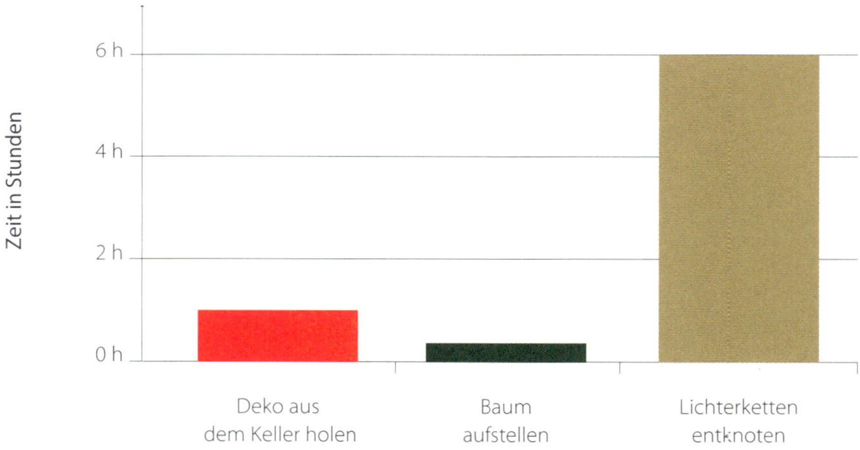

5

Warum man Weihnachten nach Hause fährt

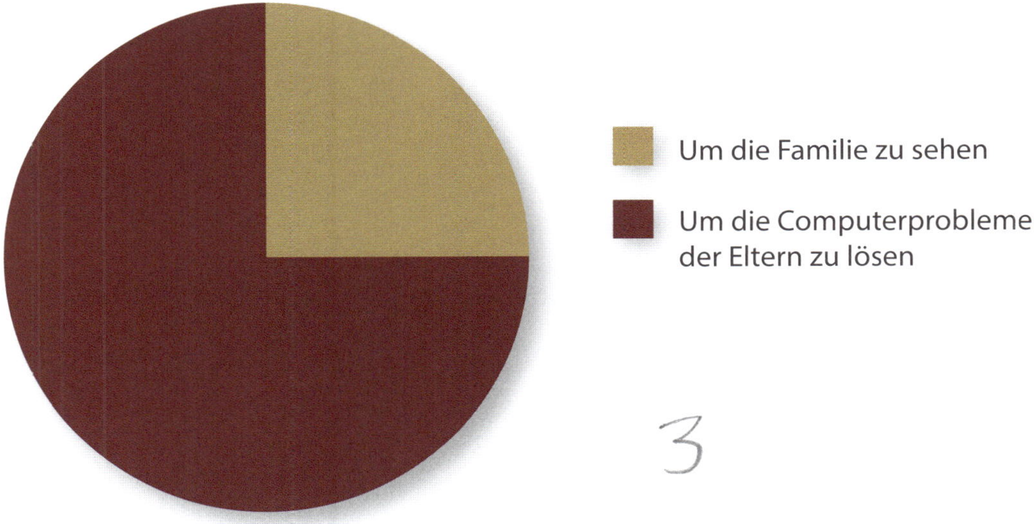

3

Mein Gewicht

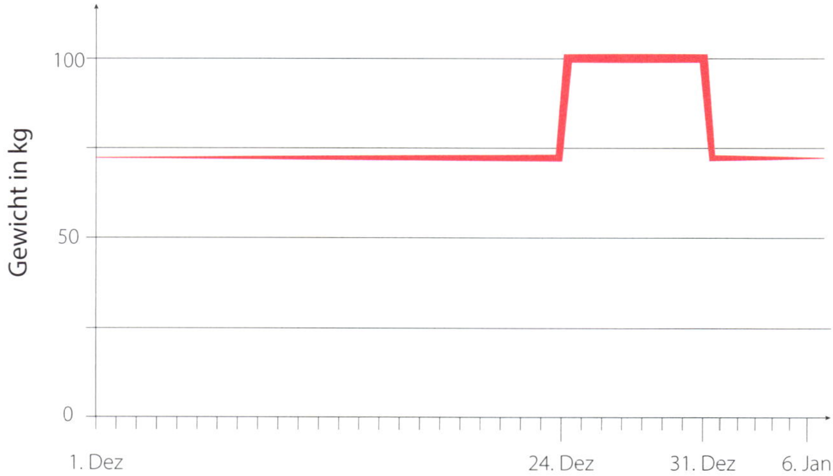

1,3

Geschenkbeilagen in Magazinen

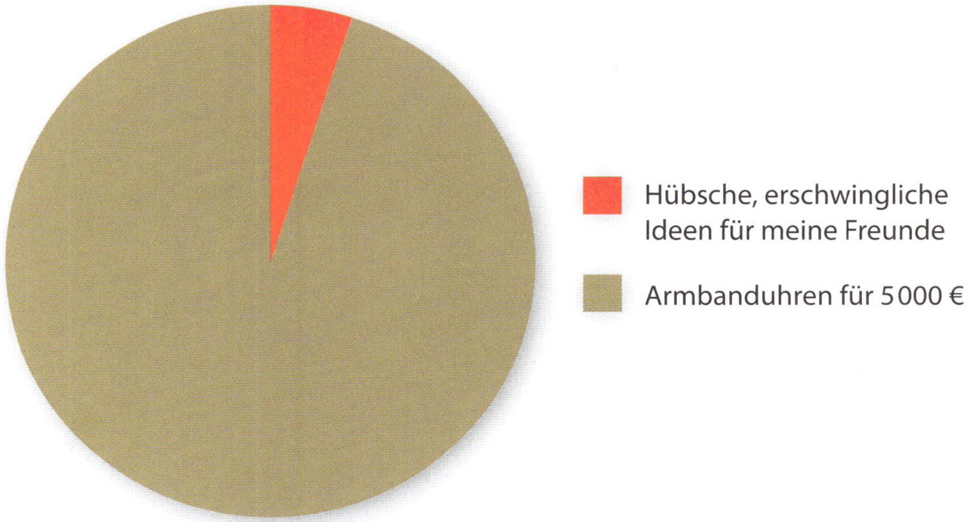

Wie die Weihnachtsbeleuchtung unseres Hauses wirkt

Wie man einen Weihnachtsmann erkennt

Hipster

1

Weihnachtsmann

Worauf einen Erziehungsratgeber nicht gut genug vorbereiten

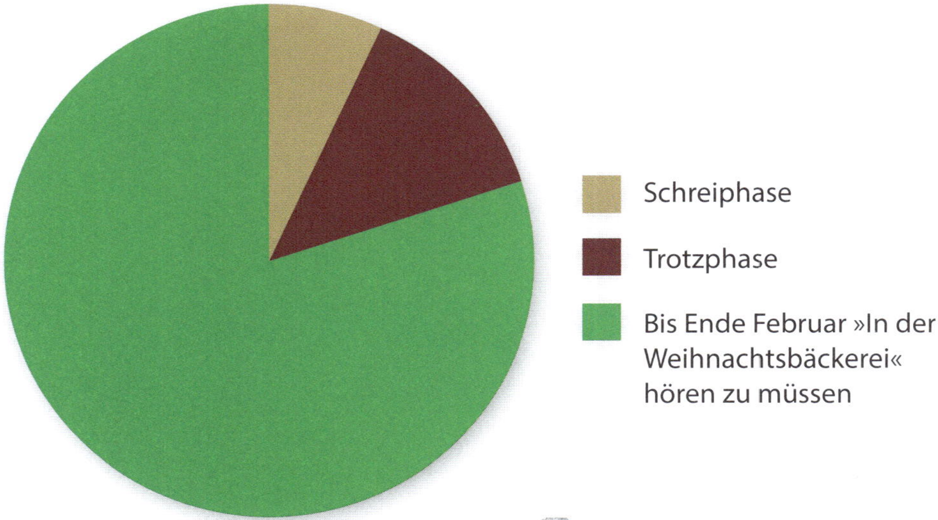

Weihnachtsbaumschmuck

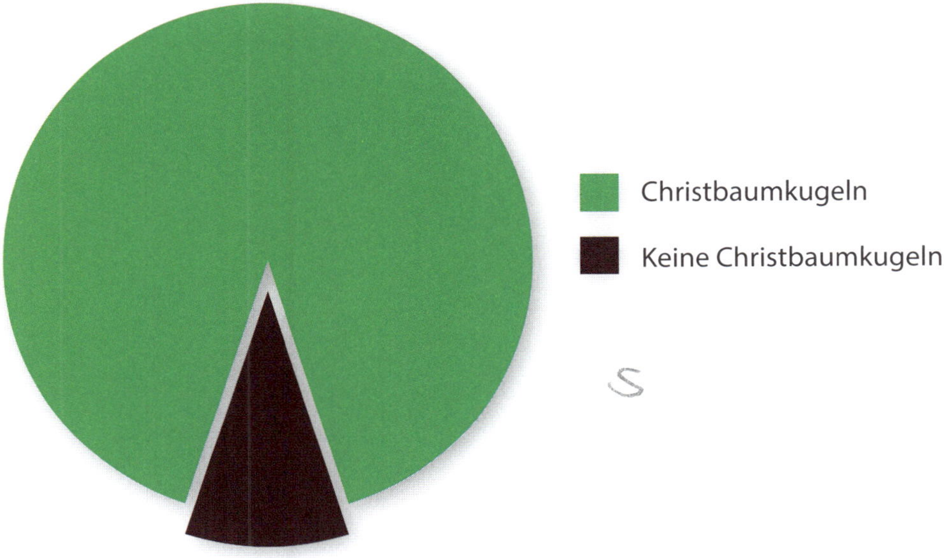

Betriebsweihnachtsfeier

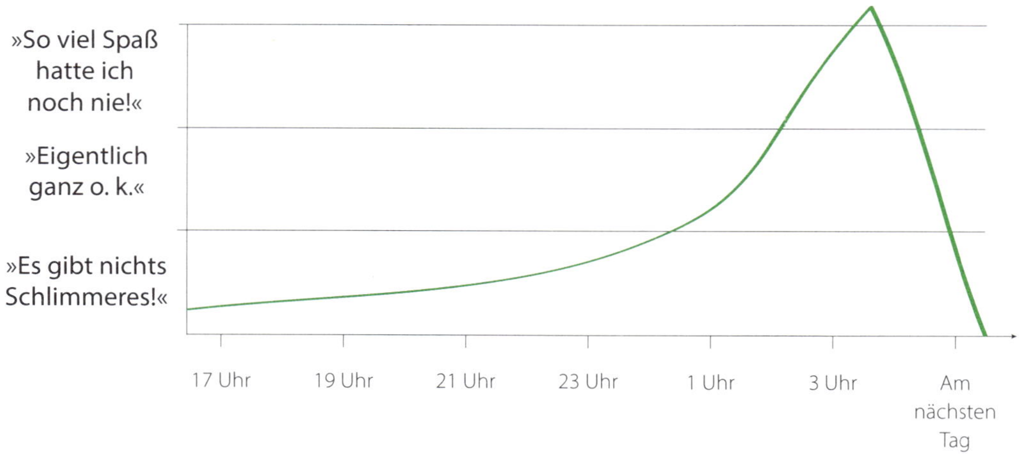

Warum Weihnachten mit kleinen Kindern schöner ist

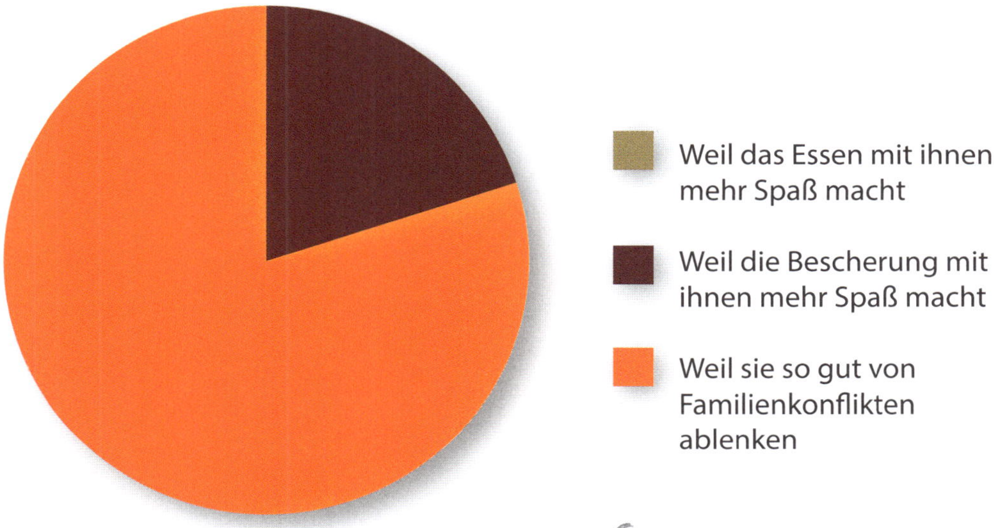

Wer bei mir klingelt

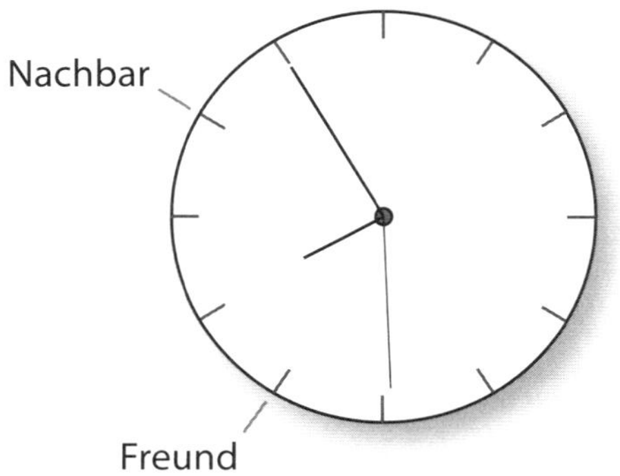

Normalerweise

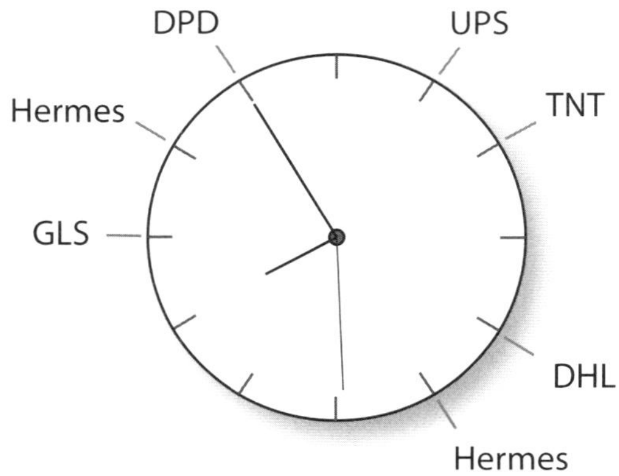

Vor Weihnachten

Warum wir Weihnachten feiern

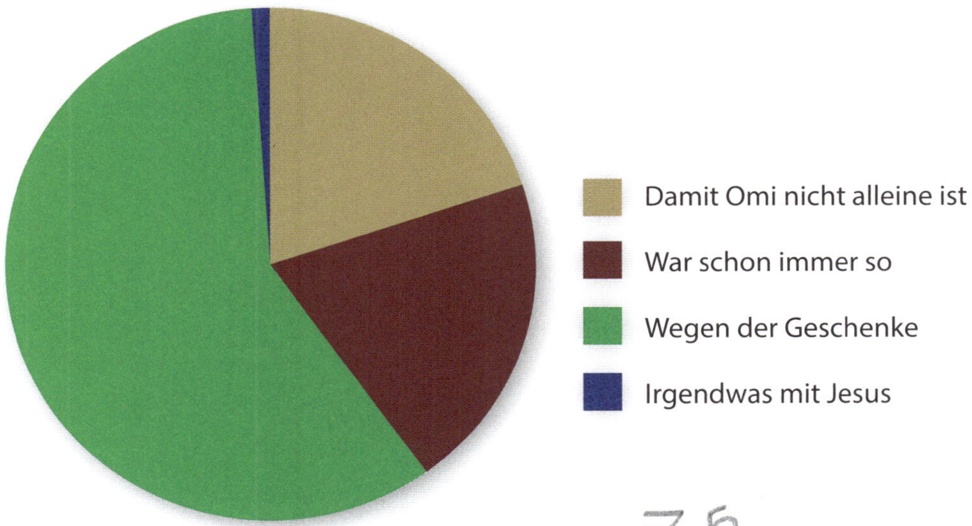

7,5

Was ich denke, wenn ich den Adventskranz betrachte

»Wir schenken uns dieses Jahr nichts«

7

Von meiner Frau für mich

Von mir für meine Frau

Welches Gefühl ich mit Weihnachten verbinde

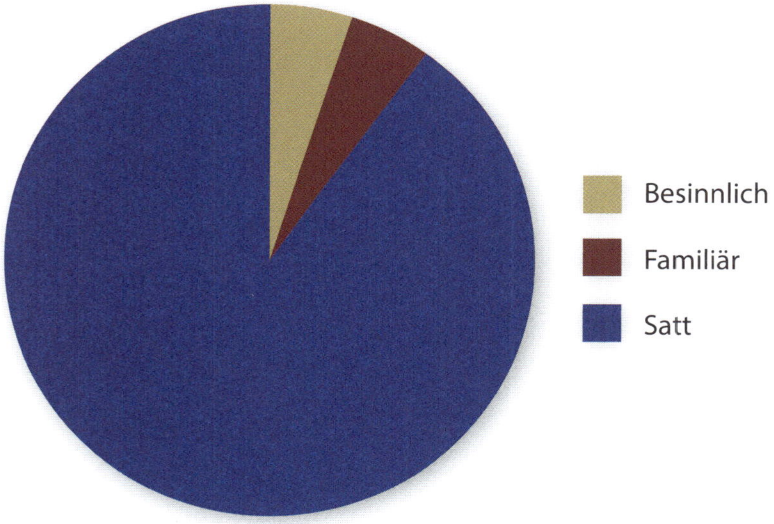

Preisentwicklung im Einzelhandel

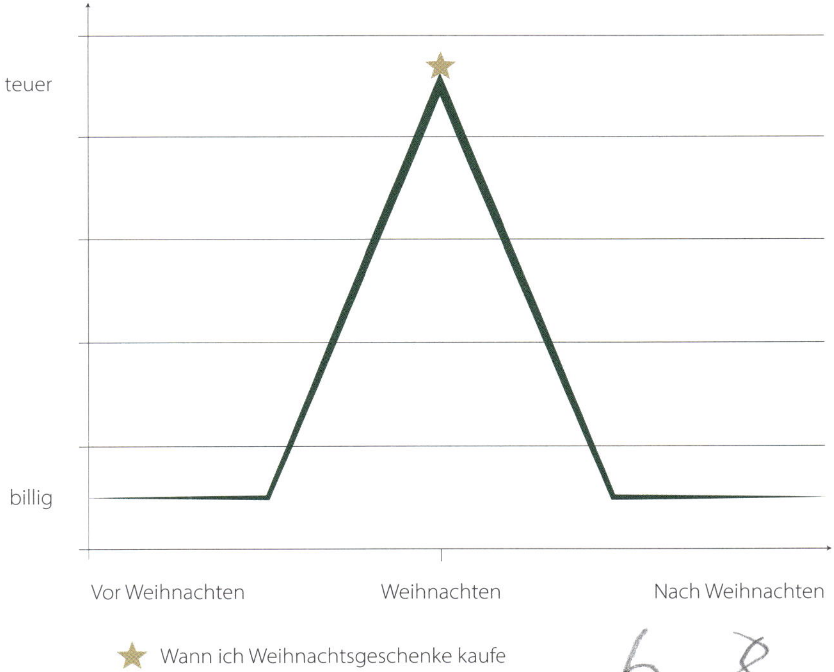

6,8

Was ich nach dem Auspacken gesagt habe

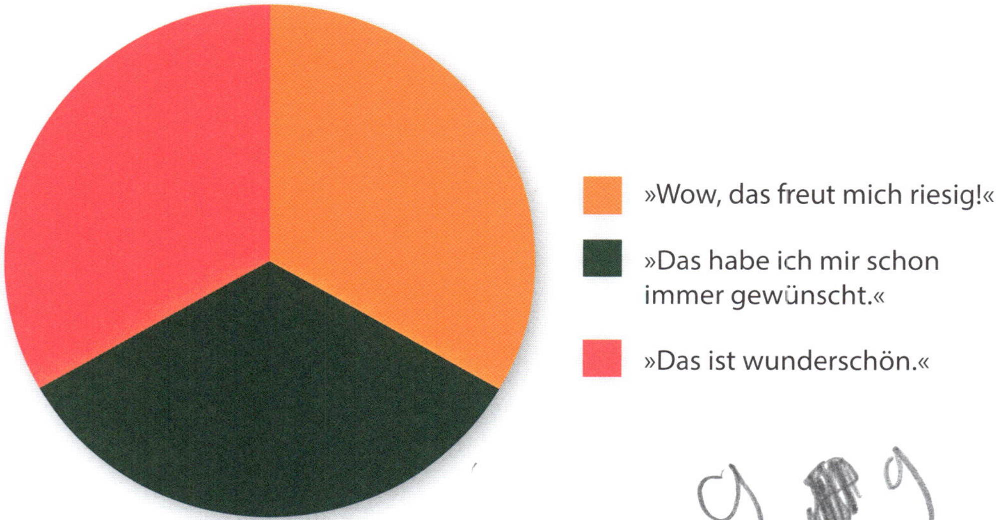

Was ich nach dem Auspacken gedacht habe

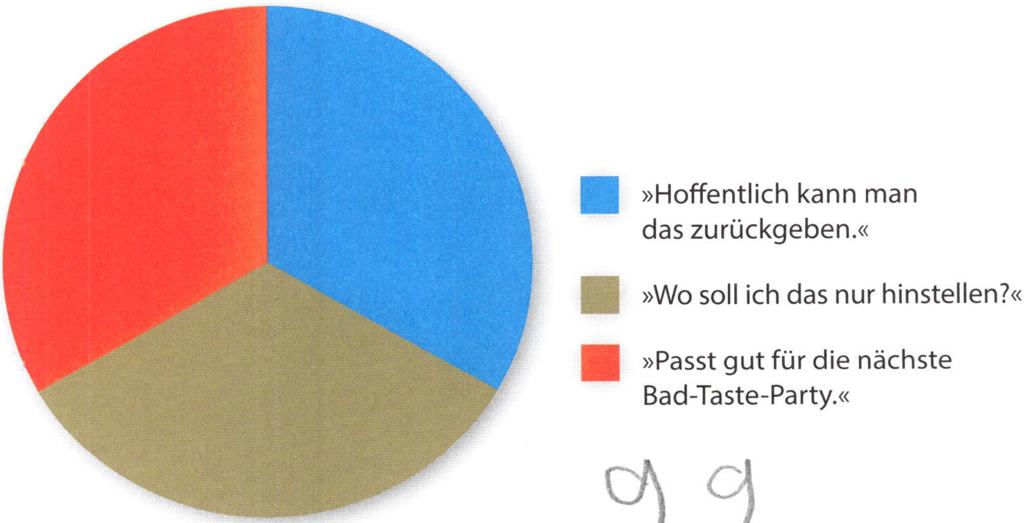

9,9

Auf wen wir in der Weihnachtszeit warten

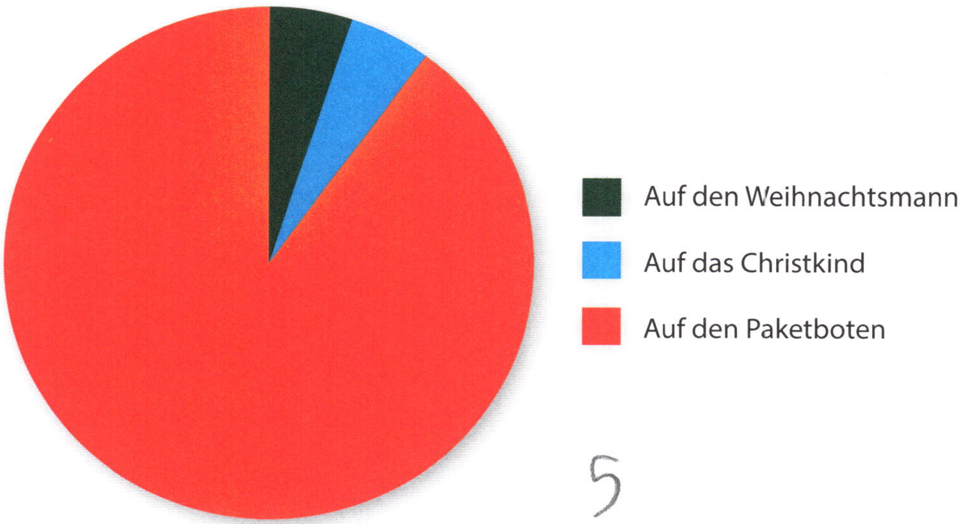

Was mich an Weihnachten ärgert

Warum ich gerne Weihnachtsmann wäre

9,5

Weihnachtskarten

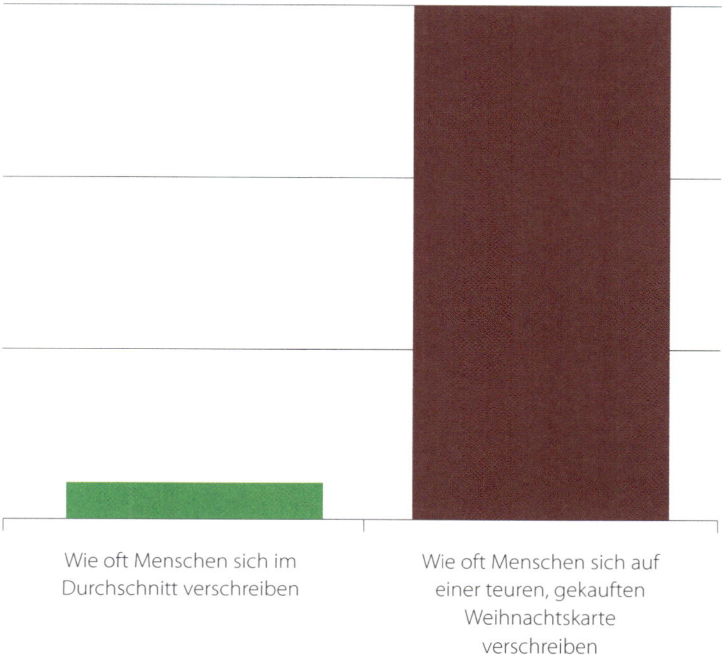

5,6

Was ich früher an Weihnachten gekocht habe

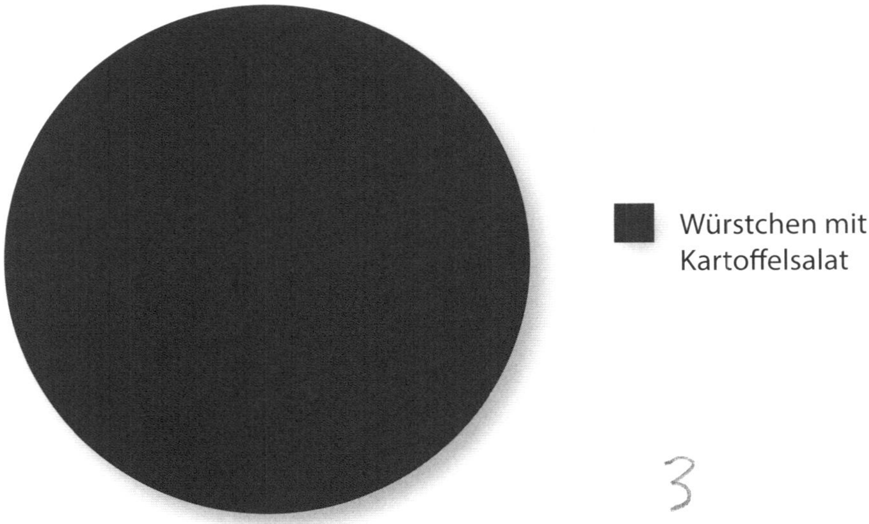

Was ich heute an Weihnachten koche

3,8

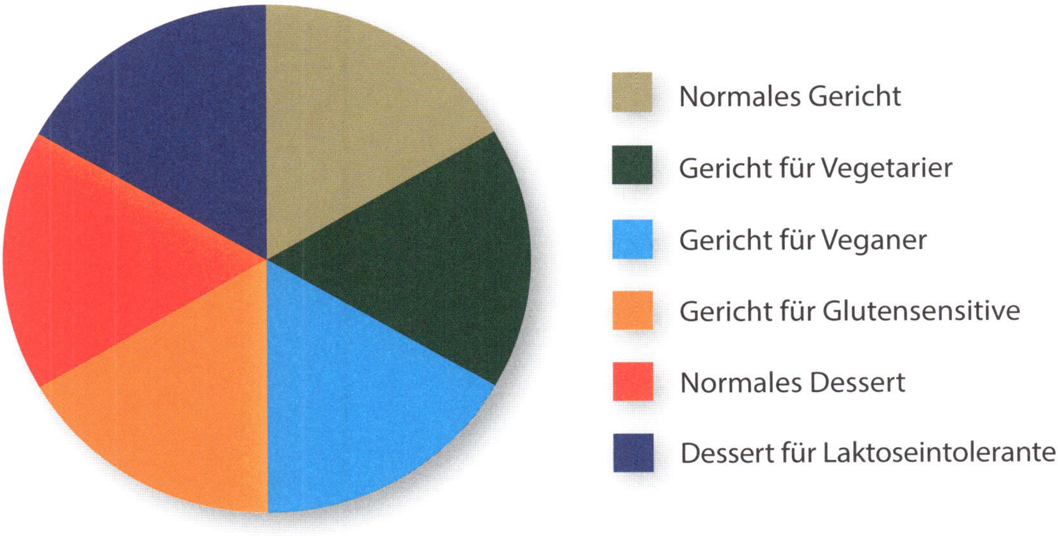

Aufmerksamkeit der Kinder an Weihnachten

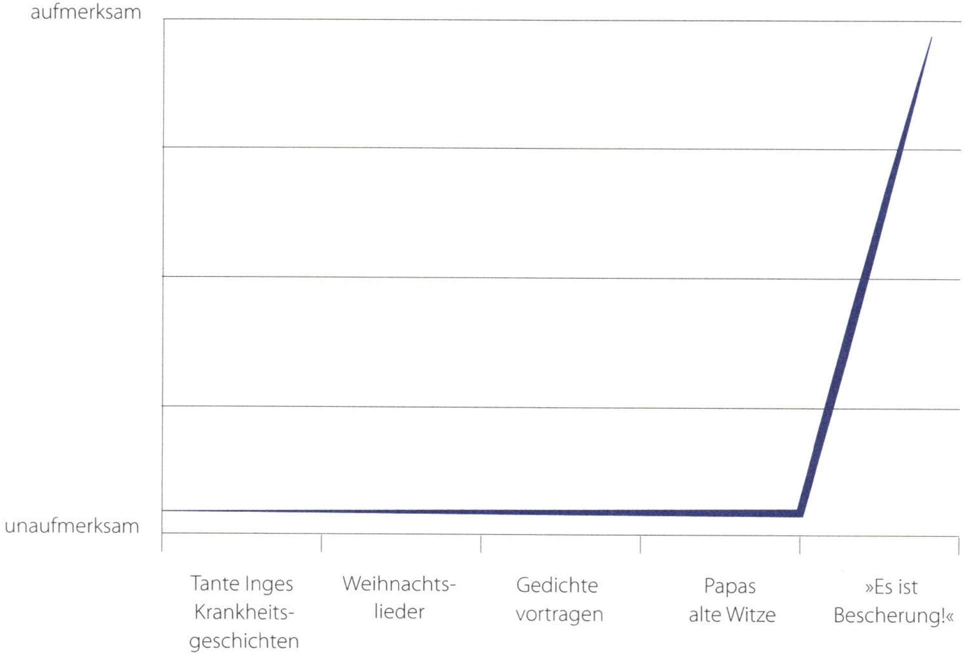

Was ich sage, wenn ich mein Weihnachtsgeschenk ausgepackt habe

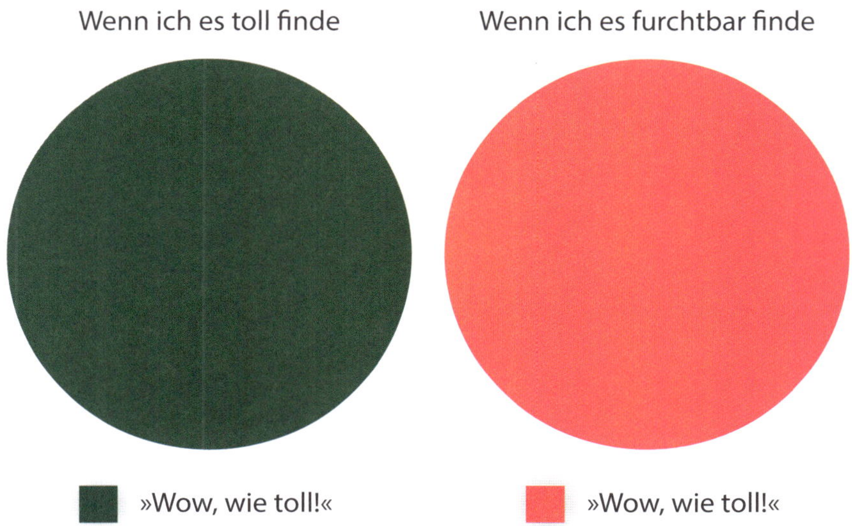

Festessen

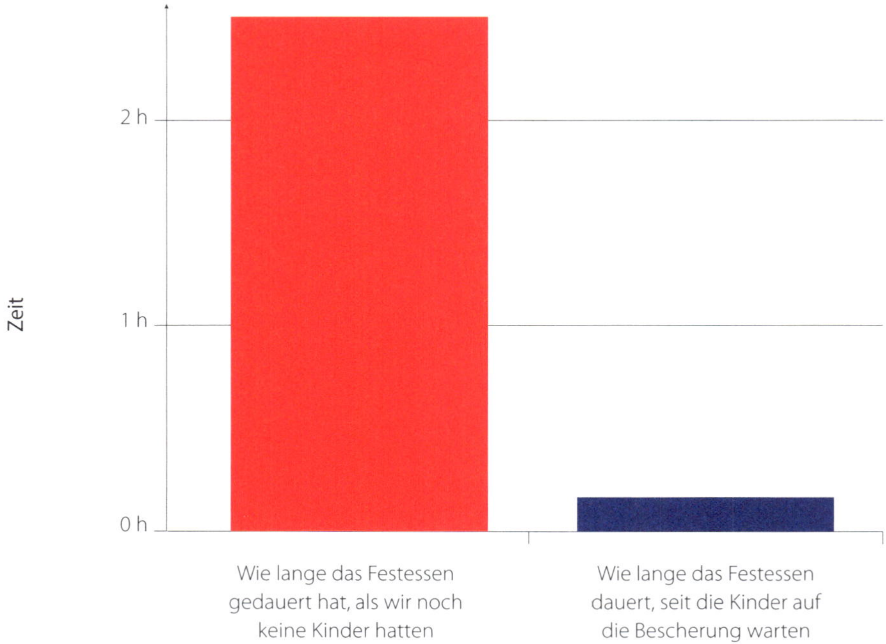

8,9

Welche Weihnachtslieder ich häufig im Radio höre

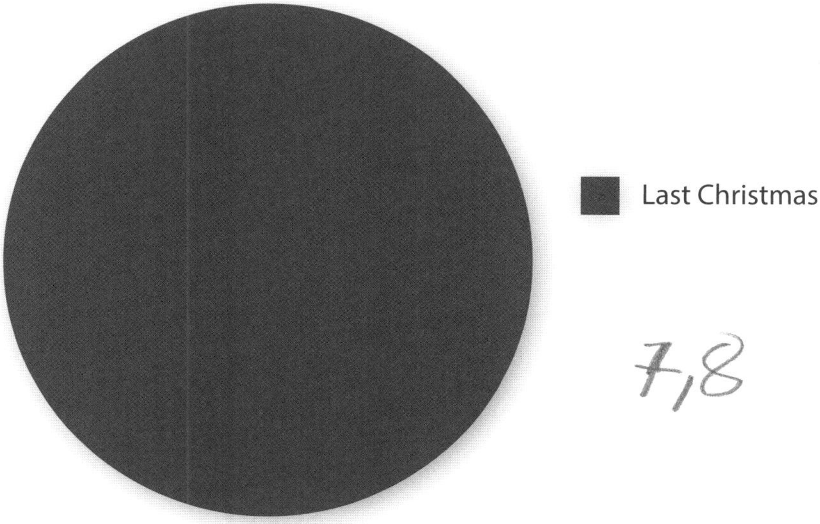

7,8

Geschenke einpacken

Wie es aussehen sollte

Wie es bei mir aussieht

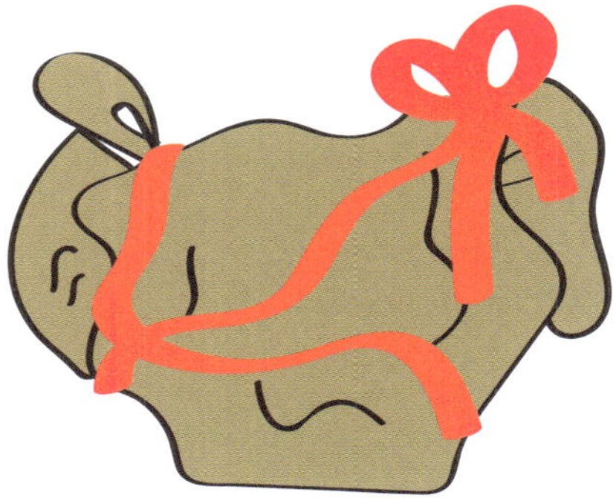

9,01

Was ich mache, wenn ich eine Weihnachtskarte bekomme

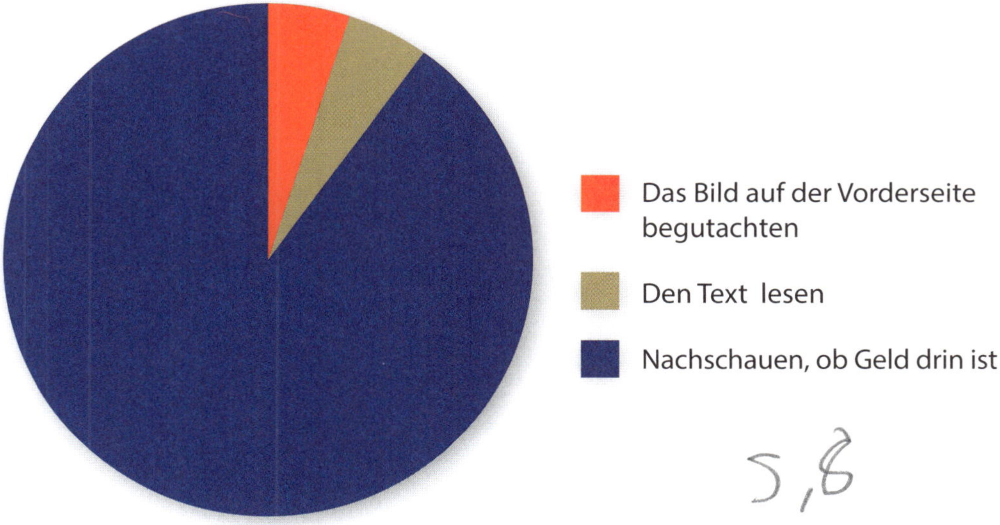

5,8

Was mir zu den Geschenken von Tante Elfriede einfällt

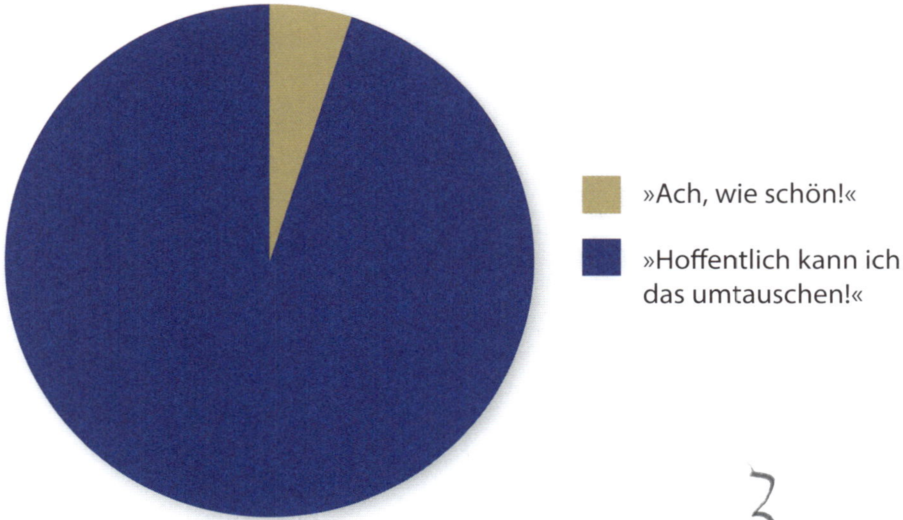

3

Der Nikolaus im Wandel der Zeit

Phase 1:
Ich glaube an den Nikolaus.

Phase 2:
Ich glaube nicht an den Nikolaus.

Phase 3:
Ich bin der Nikolaus.

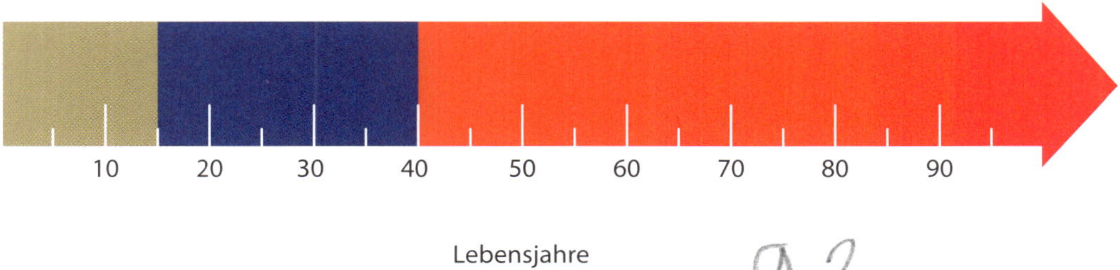

9,2

Qualität des Alkohols

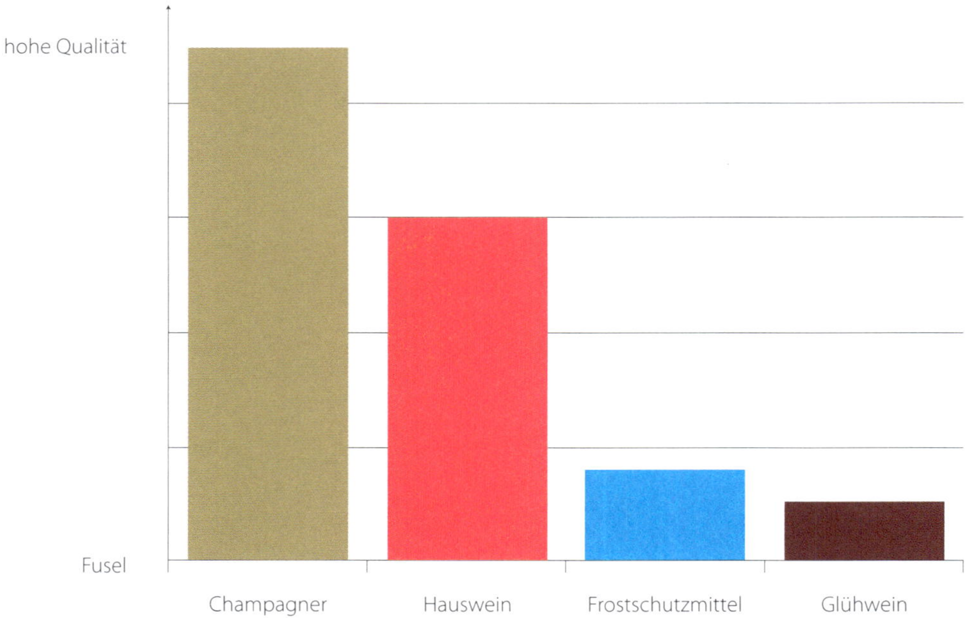

Wann ich Geschenke bekommen habe, die mich wirklich überrascht haben

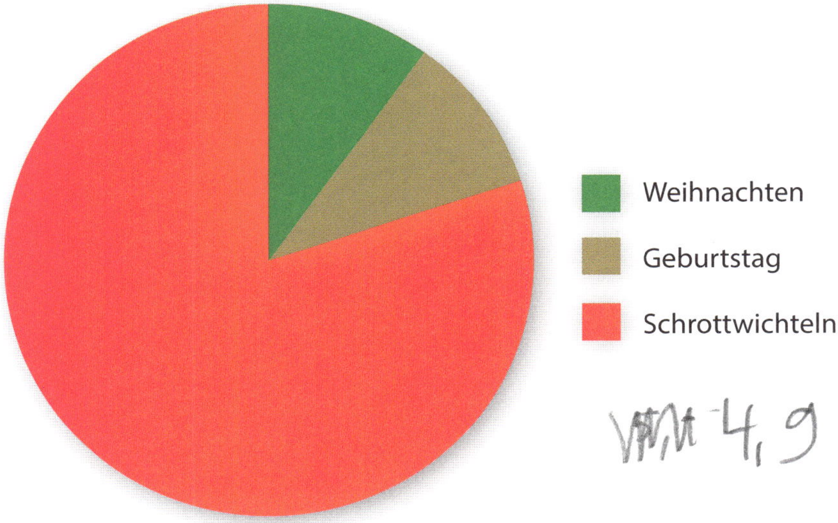

Adventskalender für Jungs

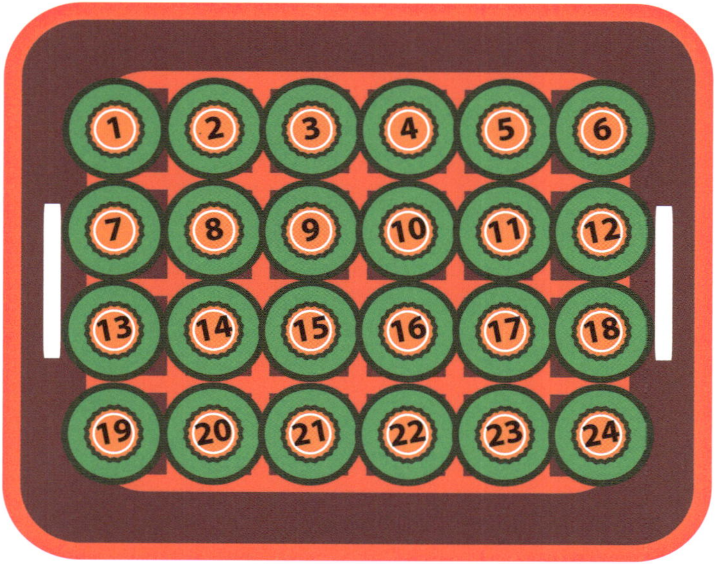

1,7

Wie Menschen Geschenke auspacken

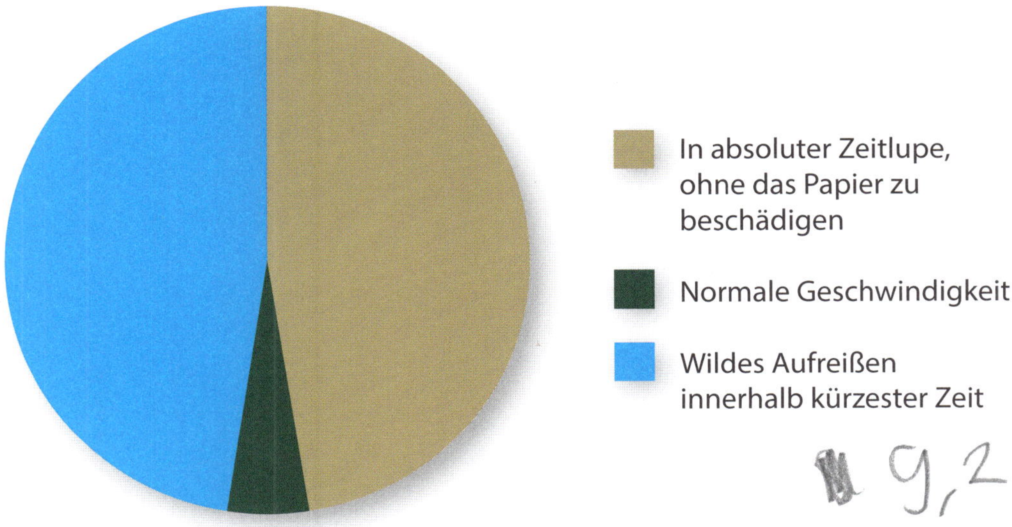

Wann Kinder an das Christkind glauben

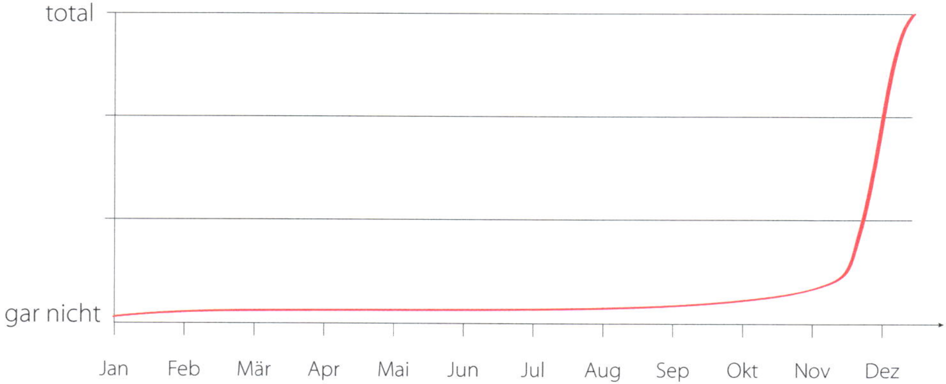

3,4

Was mich Weihnachten gelehrt hat

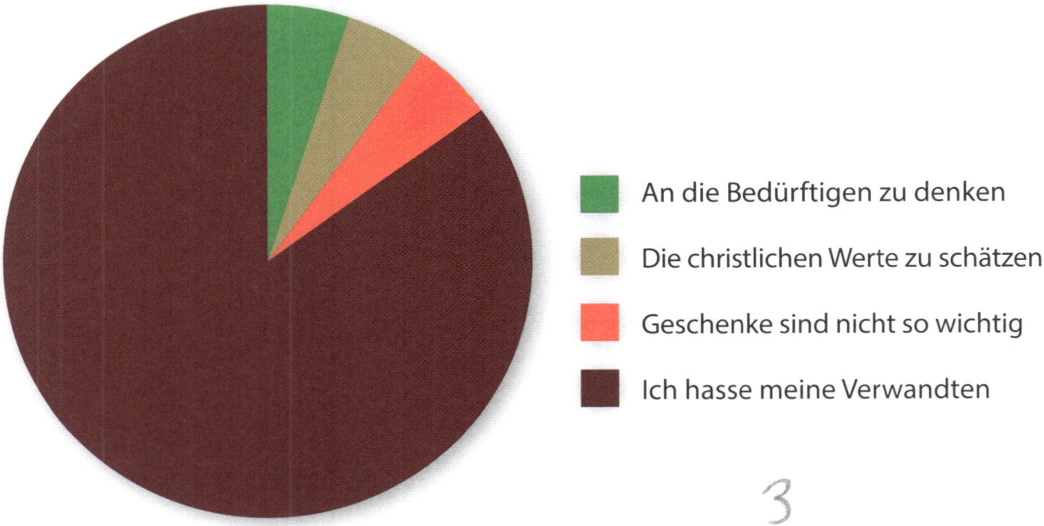

3

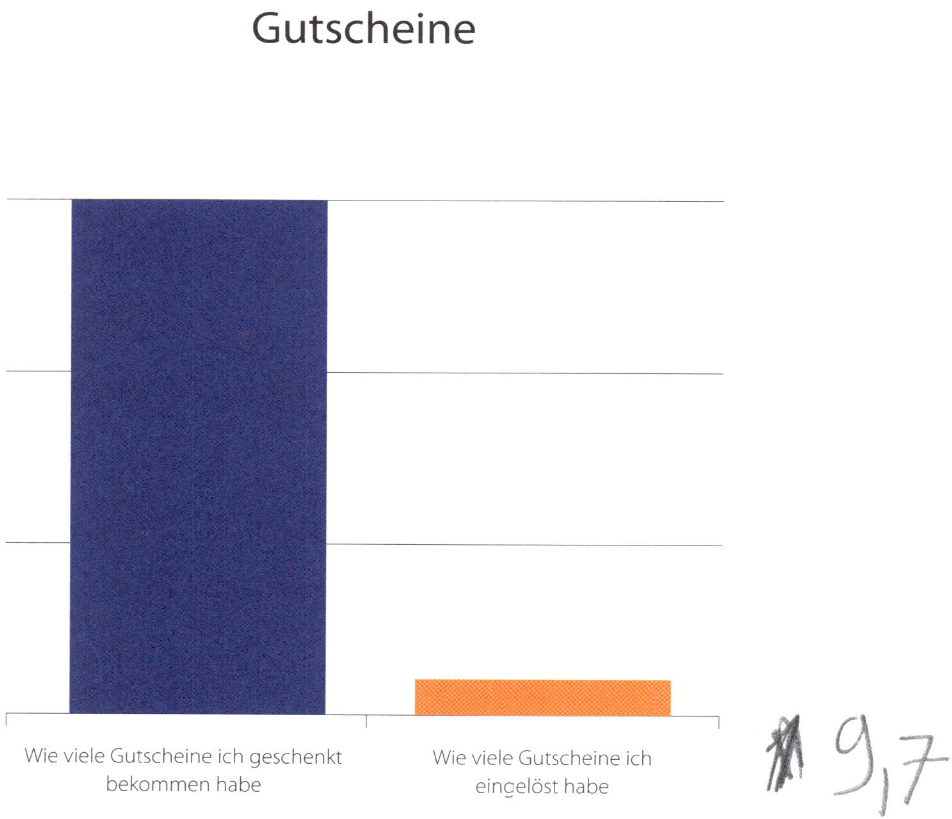
Gutscheine
Wie viele Gutscheine ich geschenkt bekommen habe
Wie viele Gutscheine ich eingelöst habe
9,7

Wann der Baum nadelt

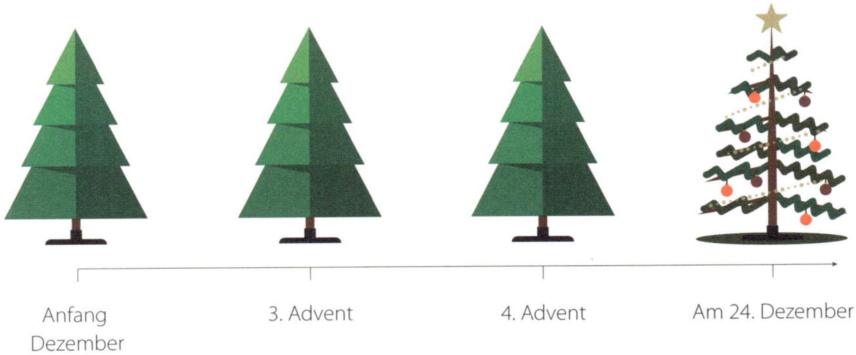

Zwischen den Jahren

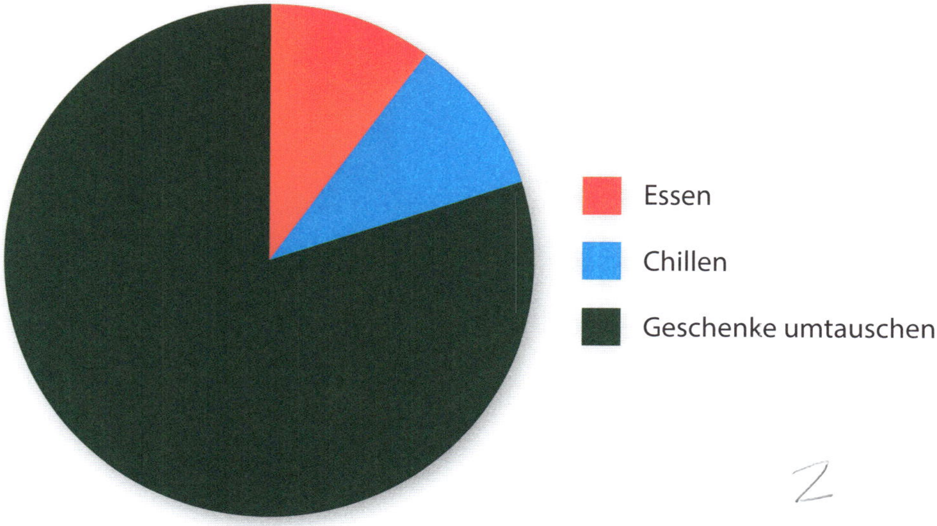

Geschenke

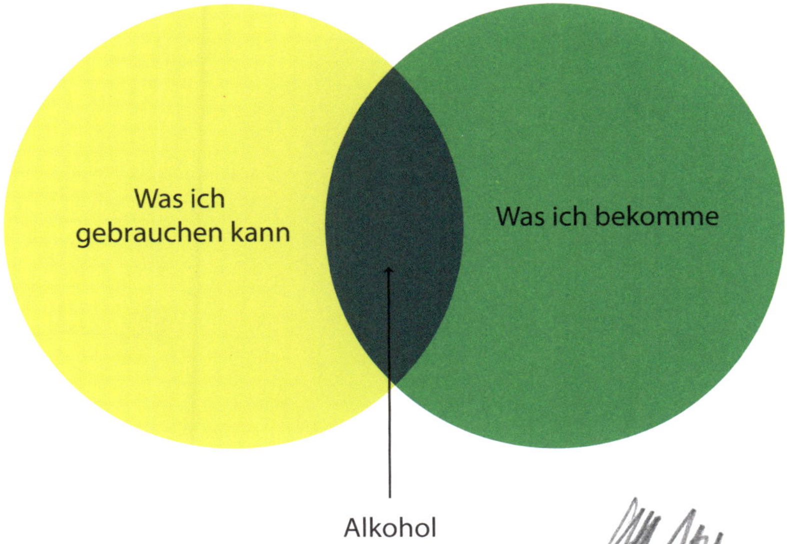
Was ich gebrauchen kann
Was ich bekomme
Alkohol

Das Beste an der Weihnachtszeit

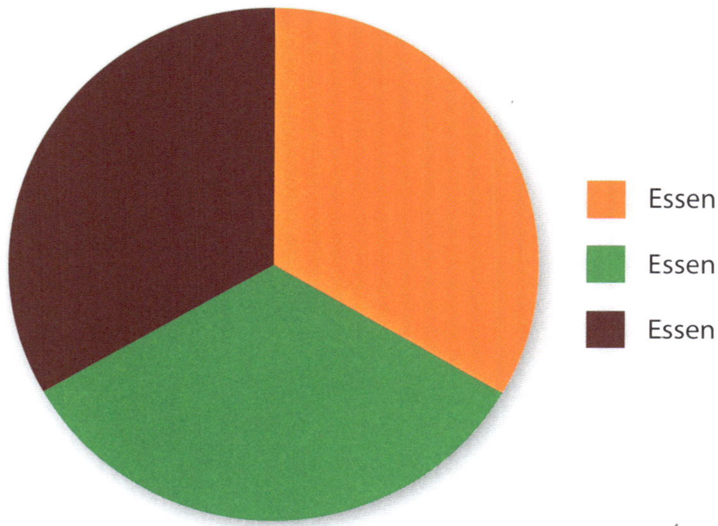